# 성찬 바로 알기

# 성찬 바로 알기
## 4주 성경공부

**찍 은 날**   2024년 5월 30일
**펴 낸 날**   2024년 6월 5일
**지 은 이**   박성은
**펴 낸 이**   장상태
**펴 낸 곳**   디다스코
           서울시 서초구 서초동 1355-3 서초월드오피스텔 1605호
**전    화**   02-6415-6800
**이 메 일**   jangsstt@naver.com

**등    록**   2007년 4월 19일
**신고번호**   제2007-000076호

ISBN 979-11-89397-10-4 (93230)

값은 표지에 있습니다.

# 4주 성경공부

# 성찬 바로 알기

### 박성은 지음

기독교 강요, 벨기에 신앙고백서, 하이델베르크 요리문답,
웨스트민스터 신앙고백서, 웨스트민스터 소요리문답,
웨스트민스터 대요리문답으로 배우는
**성찬 4주 성경공부**

## 성찬의 성경적 의미를 바르게 배우고 성찬식에 참여합시다.

### 디다스코

# 목차

# 추천사

참 좋은 책이 출간되어 감사합니다. 성만찬에 관해 잘 알 것 같습니다. 하지만 대체적으로 그 의미와 의도를 모르고 참여하는 경우도 있습니다.

특별히, 다음 세대 그리고 새롭게 신앙하는 성도들이 성만찬이 무엇인지 더 잘 배우고, 동참하면 더욱 큰 은혜가 있을 겁니다. 그런 의미에서 이 책이 집필되어 너무나 기쁘고 감사합니다. 사실, 저도 다 읽으며 새롭게 배운 내용도 있고, 다시 정리된 부분도 있습니다.

저자는 성만찬에 관한 다양한 질문을 실제적으로 던지고, 우리가 숙고하도록 합니다. 책 마지막 부분에 요약, 그리고 웨스트민스터 교리 내용을 통해 관련 성만찬 의미를 명확하게 해 주고 있습니다.

무엇이 되는지, 무엇이 안 되는지 선명한 울타리를 쳐 주며, 성만찬의 의미를 되새겨 주니 너무나 감사합니다. 마치 천연 나무통이 그냥 있으면 통나무이지만 들어갈 곳은 들어가도록 파 놓으면 조각 작품이 되듯, 이 책은 주님이 우리에게 은혜로 주신 성만찬을 우리가 더 잘 보고, 체험하고, 느낄 수 있도록 펜으로 그 성만찬의 형상과 성만찬의 본 모습을 드러내어 주는 것 같습니다.

　목회자와 평신도들이 이 책을 통해 더욱 주님이 우리에게 원하시는 성만찬의 의미를 되새기길 소망합니다.

김영한 목사 | 품는 교회 담임 & Next세대Ministry 대표

그리스도께서 직접 세우시고 명령하신 성찬은 교회를 향한 큰 선물입니다.
그래서 일찍이 우리 개혁교회의 조상들은 성찬을 포함한 성례의 바른 시행
을 참된 교회의 표지라고 하였습니다. 이는 결코 과장이 아닙니다. 다만 오
늘날 많은 교회가 성찬의 풍성함을 경험하지 못하고 상징설로 기우는 이유
는 성찬에 대한 바른 이해가 부족하기 때문도 한 이유라고 생각합니다. 그
런 의미에서 최근 개혁파 성찬론에 대한 책들이 조금씩 출판되고 있는 것
은 매우 고무적인 현상이라고 여겨집니다. 그런 의미에서 박성은 목사님이
집필하신 이 책은 개혁파 성찬에 관한 목록을 더 풍성하게 해주는 기쁜 소
식입니다. 이 책은 우선 간결합니다. 누구든지 쉽게 읽을 수 있습니다. 그
리 오래 걸리지도 않습니다. 하지만 필요한 내용을 잘 담고 있는 실제적인
책입니다. 이 책에는 성경이 가르치는 성찬에 대한 기원과 개념이 잘 요약
되어 있고, 실제로 성찬을 어떻게 시행해야 하는지에 대해서도 친절하게 설
명하고 있습니다. 성찬 시에 꼭 기억해야 할 내용도 빠짐없이 포함되어 있
습니다. 무엇보다 다양한 질문을 통해서 성도들이 궁금해할 만한 내용도

친절하게 다루고 있습니다. 더욱 감사한 것은 개혁교회가 가르쳐 온 성찬에 대한 견해에 충실하다는 점입니다. 개혁교회의 대표적이 신앙고백들과 칼빈의 기독교 강요를 인용한 부분은 이 책에 안정감을 더합니다. 물론 집필목적에 따라 성찬에 대한 모든 내용을 담고 있지는 않습니다. 하지만 더 깊은 내용으로 들어가기 전에 기본적인 개념을 정리하는 데에는 안성맞춤입니다. 이 책은 일반 성도들에게 큰 유익을 줄 것입니다. 하지만 목사님들에게도 실제적인 도움을 주리라 확신합니다.

김효남 교수 | 총신대학교 신학대학원 역사신학

'형식적으로' 하는 모든 일은 다 위험합니다. 그 이유는 형식적이라는 말은 본질적인 핵심 내용은 모른 채 늘 해왔던 대로 아무 생각 없이 한다는 의미가 서려 있기 때문입니다.

성찬도 마찬가지입니다. 성찬의 본질과 속성에 대한 고민 없이 형식 논리만을 좇아 성찬에 참여해 먹고 마시는 행위는 비단 다른 사람들만의 이야기는 아닐 것입니다. 오히려 성찬에 참여하는 우리 모두의 이야기입니다.

『성찬 바로 알기, 4주 성경공부』는 성찬의 핵심 본질을 깔끔하게 정리해주고 있습니다. 본서의 특장점은 성찬 본연의 의미를 성경적으로, 신학적으로, 신조적으로, 실천적으로 유려하게 그려내고 있다는 점입니다. 성찬을 많이 하는 것은 중요하지 않습니다. 단 한 번을 해도 성찬을 '바르게'하는 것만이 중요합니다. 이 책을 통해 한국교회에 바른 성찬론이 흥왕하게 될 줄 믿어 의심치 않습니다.

박재은 교수 | 총신대학교 신학과, 교목실장

이 책은 그리스도께서 제정하신 대로 주님의 살과 피를 먹고 마심으로 영적 양식을 먹고, 하나님께 대한 감사와 헌신과 신비로운 몸의 지체로서 서로 사랑과 교제를 증거하고 새롭게 하는 성찬의 의미와 방식을 쉽고 간결하게 풀어내었다. 질문과 대답을 통한 형식은 성도들의 궁금증을 해소하기에 유익하다. 새가족교육, 소그룹모임, 다음세대 교육 등 여러 모임에서 성찬의 의미를 교육할 수 있는 교재로 이 책을 강력히 추천한다.

**박준우 목사** | 동행교회 담임 목사, 총신대학교 교수

웨스트민스터 표준문서를 따르는 장로교회는 은혜의 방편으로 말씀, 성례(세례와 성찬), 기도 등을 강조해 왔습니다. 은혜의 방편이기에 세 방편에 대한 합당한 시행과 바른 활용에 대한 바른 이해가 당연히 필요합니다. 본서에서 박성은 목사님이 다루고 있는 성찬 Lord's Supper의 경우도 당연지사입니다. 그간에 국내에서는 헤르만 바빙크의 성찬 묵상집 『찬송의 제사-신앙고백과 성례에 대한 묵상』(다함, 2020)이 출간되어 일반 신자들에게 유익을 끼치고 있습니다. 얼마 전에 『구원의 확신』(리바이벌북스, 2023)이라는 저서를 통해 일반 신자들에게 중요한 진리를 평이하게 풀어주었던 박성은 목사님이 이번에는 은혜의 방편 중 하나인 성찬에 대한 성경 공부 교재를 출간하게 되어 기쁘게 생각하고 축하를 드립니다. 본서는 성찬론을 네 주제(성찬이란 무엇인가요? 왜 떡과 포도주를 마시나요? 떡과 포도주는 예수님의 살과 피로 변하나요?, 성찬은 누가 참여 할 수 있나요?)로 나누어서, 먼저 성경에 근거하여 해설해 주고, 요점을 정리해 주고, 관련된 질문과 답변을 제공해 주며, 신앙고백서들과 칼빈의 『기독교강요』에서 해당되는 구절들을 참고자료로 제시해 주고 있습니다. 성찬에 참여하기 위해 준비해야 하는 시점에서나 평소에도 성찬에 대한 바른 지식을 얻기를 소망하는 많은 독자의 손에 본서가 들려져서 유익을 끼치게 되기를 소망합니다.

이상웅 교수 | 총신대학교 신학대학원 조직신학

성찬을 위한 가장 기초적이고 성경적인 교재가 나왔습니다. 개혁주의 신학을 바탕으로 건강한 교회를 세워가며 한국 교회의 미래 지도자로 떡상하는 박성은 목사의 교재입니다. 뭔가 깔끔하게 정리되는 이 느낌 참 좋습니다. 주님께서 은혜의 방편으로 제정하신 성찬에 대한 모든 것, 즉 성찬의 정의부터 떡과 포도주로 성찬을 하는 이유, 성찬의 의미, 성찬에 참여하는 성도의 자격과 자세까지 정리합니다. 각 챕터마다 관련된 신조들을 읽어볼 수 있도록 제시하여 역사적인 관점에서 폭넓게 납득을 시켜주고, 킬링 포인트를 문답 형식으로 정리하여 궁금증을 완벽히 해소해 줍니다. 성찬? 애찬? 온라인 성찬? 진행 과정? 목사는 있어야 하는지? 성도들이 정말 알아야 할, 또한 궁금하지만 물어보기 좀 어려운 점들 정리하여 교회 현장에서 성찬의 은혜를 풍성히 누리게 해주며, 동시에 성찬에 대한 각종 혼란을 해결해 줍니다. 교회에서 세례교인들에게 교재로 사용하시길 추천합니다. 수고한 저자에게 감사의 마음을 표합니다.

이종필 목사 | 세상의빛교회 담임 목사, 킹덤처치연구소 대표

본서는 성찬 예식에 관한 성경적이고 개혁주의적 관점을 적실히 표현한 길道과 같은 책입니다. 길은 생명과 같습니다. 길을 잃으면 방황하게 되고, 타락하게 되며, 생명을 잃을 수도 있습니다. 특별히, 그리스도인들이 영적인 삶을 영위하는데 있어서 올바른 길을 발견하고, 그 길을 올곧게 걷는 훈련을 하는 것은 매우 중요합니다. 그런 의미에서, 저자이신 박성은 목사님이 제시하는 통전적이고 확고한 성경적 성찬론은 목회자들과 성도들 모두로 하여금 올바른 길을 굳게 지탱하게 하는 좋은 안내자가 되리라고 확신합니다. 또한, 질문과 대답의 형식으로 이루어진 책의 구성을 사려할 때, 공동체 지체들이 함께 본 주제에 대해서 깊이 숙고하며 학습하는 일에도 많은 도움이 될 것이라고 생각합니다. 우리 주 예수 그리스도께서 제정하신 성찬의 풍성한 은혜의 바다 속에서 넘치는 영적 희락을 향유하기 원하는 모든 그리스도인들에게 이 책을 기쁨으로 추천합니다.

**임재홍 목사** | 수원동부교회 담임목사

진수성찬 珍羞盛饌, 푸짐하게 잘 차려진 맛있는 음식을 뜻하는 말입니다. 상 다리가 휘어지도록 풍성하게 준비된 신선한 요리들은 수저를 드는 사람을 유익하게 만듭니다. 마음을 훈훈하게 하고 몸을 강건하게 합니다. 준비한 이의 정성이 듬뿍 담겨 있기 때문입니다.

이 책『성찬 바로 알기, 4주 성경공부』는 진수성찬과 같습니다. 기독교의 성찬 聖餐에 관해 풍요롭게 다뤄주고 알기 쉽게 설명해주고 있습니다. 개인 적으로 이 책을 읽어갈수록 빚진 마음이 들었습니다. 글에 담긴 저자의 수 고와 정성을 큰 힘들이지 않고 누릴 수 있었기 때문입니다.

성찬에 관한 설명 외에도 현장에서 실제적으로 활용할 수 있는 질문, 웨스 트민스터 소요리 문답이나 하이델베르크 요리문답과 같은 교리 자료, 삶에 적용할 수 있는 기도문들이 담겨 있습니다. 어느 것 하나 그저 지나칠 수 없 는 구성들입니다.

성찬과 믿음에 관한 진수성찬을 누릴 수 있는 이 책을 적극 추천 드립니 다. 분명 우리의 영혼을 더욱 강건하게 만들어주는 영적 식사의 시간이 될 것입니다.

정석원 목사 | 『기독교 세계관이 필요해』 저자

기본기를 알려준다는 것은 힘든 일입니다. 기본기를 알려주는 사람이 먼저 그 기본기를 단단하게 내공을 쌓아야하며, 쌓인 것을 현장에서 이미 경험된 실력으로 입증해야 하기 때문입니다.

예배의 현장에서 멈추지 않고 연구하며 현장에서 살아내는 다음세대 조직신학자 박성은 목사님의 『성찬 바로 알기, 4주 성경공부』는 이런 점에서 신앙생활의 기본기를 제대로 알려주는 좋은 길라잡이입니다.

성찬에 대한 친절한 설명과 함께 생각해보기를 통한 질문, 신앙고백서 등을 통한 확인과 검증으로 구성되어 있어 교회의 예배현장에서 바로 펼쳐 사용할 수 있어 탁월하다고 할 수 있습니다. 덧붙여 기도하기와 부록으로 소그룹 성경공부까지 배려하고 있는 세심함에 박수를 보냅니다.

전작 『구원의 확신』에서부터 이어진 『성찬 바로 알기, 4주 성경공부』는 연구의 영역이 책상과 교회에만 머물지 않고 삶과 세상을 향하고 있기에 다음에 거두어 보여줄 또 하나의 열매가 기대되어집니다.

**조성권 목사** | 좋은교회 담임 목사, 순복음총회신학교 교수

# 저자 서문

작년 페이스북을 통하여 출판사로부터 연락을 받았습니다. 성찬에 대해 성경공부용 책을 만들고 싶다는 내용이었습니다. 기존의 책들도 많이 있지만, 초신자들을 대상으로 성경공부 책은 없고, 출판사의 의도대로 누구나 쉽게 접할 수 있는 교제를 제작하고 싶다고 하였습니다. 마침 저도 성찬에 대해 누구보다 강조하고 있고, 매주 성찬을 진행하고 있으며, 성찬을 너무 쉽게 생각하는 경향들이 많다고 생각하여 집필을 시작하게 되었습니다.

기독교 역사상 성찬은 주요한 논쟁거리였습니다. 로마교회와 루터와 쯔빙글리와 칼빈의 논쟁이 있었고, 그 결과 지금의 성찬이 완성되었다고 생각합니다. 논쟁의 중점은 성찬 가운데 예수님의 임재의 문제였습니다. 실제 육체가 임재하는 것과 단순한 상징적 의미라는 양측 주장 가운데 칼빈은 육체적으로도 임하는 것이 아니라 영적으로 임재하시며, 단순한 상징이 아니라 실제적이라고 주장하면서, 양 극단을 거부하고, 영적 임재 그러나 실제라는 주장을 하게 된 것입니다.

성찬이 중요한 이유는 그리스도께서 친히 제정하셨고, 제정하시면서 말씀하신 "내 살과 내 피"라는 부분 때문입니다. 결국 떡과 포도주가 어떻게 예수님의 살과 피가 되는지에 대한 이슈였습니다.

이렇게 우리의 신앙의 선배들은 말씀 안에서 성찬의 중요성과 어떻게 성찬을 잘 지킬 것인가에 대한 논의들이 끊임없이 있었습니다. 그러나 오늘날 우리 시대가 가지고 있는 문제는 성찬식을 진행하지만, 정작 성찬이 무엇인지 개념조차 모르고, 단순하게 세례 받고 성찬에 참여하는 것으로만 이해하고 있습니다.

그래서 이 책을 통해 성찬에 대한 깊은 공부를 통해 성찬이 주는 참된 은혜들을 누리지 못한 것을 깨닫고, 참된 양식이자 참된 음료이신 그리스도와 깊은 연합을 눈으로 보고 영적인 먹음을 통하여 신앙의 성장과 유익들을 누리길 소망합니다.

본문에 수록된 고백서 사용된 책은 김태희,『소요리문답 16주 완성』에서 "웨스트민스터 소요리문답"과 대한예수교장로회 합동총회,『헌법』에서 "웨스트민스터 대요리문답"과 문병호,『웨스트민스터 신앙고백서 강의본』에서 "웨스트민스터 신앙고백서"와 장상태,『오손도손 교리문답 가정예배』에서 "하이델베르크 요리문답"과 손재익 교수님의『벨기에 신앙고백서 강해』에서 "벨직 신앙고백서"와 존 칼빈,『기독교강요 4』, 문병호 역에서 "기독교 강요"를 본문 그대로 가져왔습니다. 이 책에 사용된 성경 번역은 개역한글입니다.

또한 본문 해설을 위해 참고한 책은 존 칼빈,『기독교 강요 4』, 문병호 역과 헤르만 바빙크『개혁교의학 4』, 박태현 역과 루이스 벌코프,『벌코프 조직신학』, 이상원, 권수경역 과 A.A 하지,『웨스트민스터 신앙고백해설』, 김종흡 역을 참고하였습니다.

부족하지만 최대한 쉽게 집필하면서 성찬이 주는 의미와 유익들을 놓치지 않으려고 노력했습니다. 부디 한국교회에 성찬에 대한 깊은 이해와 유익들을 누리는 책으로 사용되기를 소망합니다.

2024년 3월 서재에서

# 제1과  성찬이란 무엇인가요?

 **마음열기**

1. 최근에 참여한 성찬은 언제였나요?

......................................................................................................

 **내용살피기**

**1. 성찬이란 무엇일까요?**(마 26:26-28)

......................................................................................................

**마태복음 26장 26-28절**

²⁶ 저희가 먹을 때에 예수께서 떡을 가지사 축복하시고 떼어 제자들을 주시

며 가라사대 받아 먹으라 이것이 내 몸이니라 하시고 ²⁷ 또 잔을 가지사 사

례하시고 저희에게 주시며 가라사대 너희가 다 이것을 마시라 ²⁸ 이것은 죄

사함을 얻게 하려고 많은 사람을 위하여 흘리는바 나의 피 곧 언약의 피니라

기독교의 성례에는 세례와 성찬 두 예식이 있습니다. 성례 중 하나인 성찬은 예수님께서 제정하신 대로 떡과 포도주를 주고 받는 것으로 예수님의 죽으심을 나타내는 예식입니다. 성찬을 참여함을 통해 상징적으로 예수님의 살과 피에 참여하는 것이 아니라 실제로 그리고 영적으로 참여하는 것입니다.

예수님의 살과 피에 실제로 참여한다는 의미는 단순히 우리가 상징적으로 떡과 잔을 먹고 마시는 것이 아니라 떡과 잔이 실제로 예수님의 살과 피라는 것입니다. 그 결과 우리가 성찬을 통해 떡과 잔을 먹고 마실 때, 우리는 실제로 예수님의 살과 피에 참여하게 되는 것입니다.

그러나 떡과 잔이 실제로 예수님의 살과 피로 임재한 것은 아닙니다. 방식에 있어서 영적으로 임한 것입니다. 그래서 예수님의 살과 피에 실제로 참여하였지만, 영적으로 참여한 것입니다. 흔히 영적인 것을 실제적으로 생각하지 않고, 상징으로 생각하는 경향이 있습니다. 그러나 그것은 잘못된 생각입니다. 기본적으로 우리는 영적 존재이며, 성령 하나님도 영이시기 때문입니다. 그러므로 성찬은 상징이 아니라 실제적이고, 영적인 잔치입니다.

또한, 세례가 그리스도와 연합의 시작의 표라면 성찬은 그리스도와 연합의 계속적인 표입니다. 우리가 성찬의 참여함을 통해 그리스도의 살과 피에 참여함을 통해 그리스도와 연합이 계속되는 것을 알 수 있습니다.

## 2. 성찬을 제정하신 분은 누구이며, 언제 제정하셨나요?(고전 11:23-25)

### 고린도전서 11장 23-25절

²³ 내가 너희에게 전한 것은 주께 받은 것이니 곧 주 예수께서 잡히시던 밤

에 떡을 가지사 <sup>24</sup> 축사하시고 떼어 가라사대 이것은 너희를 위하는 내 몸이니 이것을 행하여 나를 기념하라 하시고 <sup>25</sup> 식후에 또한 이와 같이 잔을 가지시고 가라사대 이 잔은 내 피로 세운 새 언약이니 이것을 행하여 마실 때마다 나를 기념하라 하셨으니

성찬은 의심할 여지 없이 예수님께서 제정하셨습니다. 예수님은 잡히시던 밤에 제자들과 함께 유월절 저녁 만찬을 드시면서 성찬(주의 만찬)을 제정하셨습니다. 이 사실을 공관복음(마태, 마가, 누가)과 고린도전서에서 명백히 증언하고 있습니다.

성찬의 제정은 유월절을 지키시면서 제자들과 식탁 교제를 통해 주신 새로운 예식입니다. 구약의 유월절이 신약의 성찬으로 바뀌는 순간입니다. 유월절에 사용하던 일반적인 떡과 포도주를 통하여 예수님의 죽음과 연결시키셨습니다. 떡을 가지시고 축사 하신 후 떼어 제자들에게 주시면서 너희를 위하는 내 몸이라고 말씀하셨습니다. 이어서 잔을 가지시고 내 피로 세운 새 언약이라고 말씀하셨습니다. 이것이 성찬의 제정이자 죽음과 연관되는 표입니다.

예수님께서는 자신이 속죄 제물로 바쳐질 것을 아시고, 떡과 잔을 통하여 자신의 몸이자 내 피라고 말씀하셨습니다. 이 표현은 제사적 단어를 통하여 자신의 죽음을 암시하신 것입니다. 실제로 제사에 동물의 몸과 피가 있듯이 예수님께서 십자가에서 죽음을 통한 몸과 피 흘림이 있는 것입니다. 그래서 떡은 예수님의 몸에 대한 표이며, 포도주는 예수님께서 흘리신 피의 표입니다. 그리고 이것은 새 언약의 시작을 선포하신 것입니다.

### 3. 성찬은 언제까지 지켜야 되나요?(고전 11:26)

**고린도전서 11장 26절**

너희가 이 떡을 먹으며 이 잔을 마실 때마다 주의 죽으심을 오실 때까지 전하는 것이니라

　성찬은 교회가 세상 끝날까지 계속 지켜야 하며(고전 11:26), 예수님께서 너희가 이를 행하여 나를 기념하라(눅 22:19)고 말씀하셨기 때문에 성도에게 성찬은 예수님 오실 때까지 지켜야 할 의무입니다. 즉, 성찬은 예수님의 명령이기 때문에 성도에게는 의무가 됩니다.

　예수님께서는 성찬을 자발적 참여로 두지 않으셨습니다. 성도들이 꼭 참여해야 하는 의무로 두셨습니다. 의무라는 것은 반드시 지켜야 하는 것을 뜻합니다. 자발성을 주셨을 때는 해도 되고, 안 해도 됩니다. 그러나 의무로 주셨다는 것은 반드시 행해야 하는 것입니다. 성찬을 의무로 주셨다는 것은 그만큼 참여하는 것이 중요하기 때문입니다. 예수님의 살과 피를 먹고 마시는 성찬이 가지는 의미와 예식적 요소가 크다는 것을 짐작할 수 있습니다.

　그러므로 성도는 성찬의 의무를 기억하여 예수님 오실 때까지 성찬식에 참여해야 합니다. 그리고 성찬의 참여를 통하여 예수님을 기념하게 됩니다. 예수님을 기념하는 것은 예수님을 기억하는 것인데, 우리를 구원하시기 위해 십자가에서 완전한 제사를 단번에 드리시고, 다 이루신 의를 우리에게 전가 시켜주신 은혜를 기억하면서 그 은혜에 참여하라고 말씀하시는 것입니다.

# 4. 성찬의 목적은 무엇일까요?(눅 22:19, 20)

......................................................................................................................

### 누가복음 22장 19-20절

19 또 떡을 가져 사례하시고 떼어 저희에게 주시며 가라사대 이것은 너희를 위하여 주는 내 몸이라 너희가 이를 행하여 나를 기념하라 하시고 20 저녁 먹은 후에 잔도 이와 같이 하여 가라사대 이 잔은 내 피로 세우는 새 언약이 니 곧 너희를 위하여 붓는 것이라

성찬의 목적은 첫째, 그리스도의 죽으심을 기념하는 것입니다.

떡을 통해 예수님께서 우리를 위해 고난을 당하시고 십자가에서 찢기신 몸을 상징하기 때문에 하나의 떡이 찢어지는 것을 직접 보고, 찢기신 예수님을 생각하게 됩니다.

포도주를 통해 예수님께서 우리를 위해 흘리신 언약의 피를 상징하기 때문에 포도주가 잔에 따라질 때, 예수님께서 흘리신 피를 생각하게 됩니다. 그리고 떡을 먹고 포도주를 마시면서 예수님께서 '나를 기념하라'고 하신 말씀 그대로 그리스도의 죽으심을 기념하는 것입니다.

둘째, 성도들의 교제입니다. 즉, 그리스도의 한 몸이자 한 피로 만드는 것입니다. 성도는 그리스도가 머리이며, 그와 연합함으로 하나의 머리와 몸으로 연합하여 그 안에서 서로 교제하는 목적이 있습니다.

셋째, 성도를 양육하기 위함입니다. 사람이 떡으로만 살 것이 아니라 하나님의 말씀으로 살아갑니다(신 8:3). 즉, 육의 양식과 영의 양식이 있듯이 성찬을 통해서 영의 참된 양식과 참된 음료를 먹고 마심을 통해 성도를 양육하십니다.

# 5. 성찬 참여를 통해 얻는 두 가지는 무엇인가요?(고전 10:16)

**고린도전서 10장 16절**

우리가 축복하는바 축복의 잔은 그리스도의 피에 참예함이 아니며 우리가 떼는 떡은 그리스도의 몸에 참예함이 아니냐

성찬에 참여하면, 그리스도의 몸과 피에 참여하는 것이기 때문에 주님께서 주시는 모든 유익을 받고, 영적인 성장을 누리게 됩니다.

첫째, 주님께서 주시는 모든 유익은 그리스도의 의의 전가에 대한 큰 확신과 은혜입니다. 그 이유는 성찬의 기능에서 찾아볼 수 있습니다. 성찬의 주된 기능은 그리스도의 몸을 실제(물질)로 우리에게 주는 것이 아니라 영적인 참된 양식과 참된 음료를 먹음을 통한 영생의 약속을 인치고 확증하기 때문입니다. 그러므로 성찬에 참여하는 모든 성도는 영생에 대한 큰 확신과 은혜를 누리는 유익함이 있는 것입니다.

둘째, 우리의 영적 성장입니다. 성찬은 단순히 예수님의 죽으심을 기념하는 것이 아니라 성찬을 통해 그리스도의 살과 피에 영적으로 참여하는 것입니다. 영적으로 참여하는 것은 성령님께서 떡과 잔에 임재하시기 때문입니다. 그리고 영적일 뿐만 아니라 실제로 그리스도의 몸과 피에 참여하게 되는 것입니다. 하나님께서도 영이시지만 실제로 존재하시는 것처럼 영적인 것이 상징적인 것이 아니라 실제입니다.

그래서 성찬에 참여함을 통해 예수님께서 주시는 모든 은혜들을 소유하게 되며, 그것을 통해 장성한 분량에 이르는 도구가 됩니다. 성찬이 영적 성

장의 도구가 되는 이유는 성찬이 그리스도와 연합의 계속적인 표 $_{sign}$이기 때문입니다. 성찬에 참여함을 통해 우리가 예수님의 살과 피인 떡과 잔을 먹고 마심을 통해서 예수님께서 내 안으로 들어오는 것을 직접 보게 됩니다. 그리하여 내 안에 예수님께서 계시다는 것을 하나의 표로 보여주기 때문에 성찬에 참여함으로 영적인 성장이 가능한 것입니다.

 요점정리

1. 성찬은 주님의 거룩한 죽음을 보여주는 예식입니다.
2. 성찬은 예수님께서 제정하셨습니다.
3. 성도의 의무는 성찬에 참여하는 것입니다.
4. 성찬의 목적은 예수님의 죽으심을 기념하는 것입니다.
5. 성찬의 유익은 그리스도와 연합이 주는 은혜를 통한 영적 성장입니다.

생각해보기

1. 성찬에 대한 생각의 변화가 있습니까?

--------------------------------------------------------------------------------

2. 성찬은 꼭 참여해야 할까요?

--------------------------------------------------------------------------------

3. 성찬을 통해 어떤 은혜를 누릴 수 있을까요?

................................................................................

 읽어보기

## 웨스트민스터 소요리문답 / 제 96문

**96문** : 주님의 성찬이 무엇입니까?

답: 주님의 성찬은 그리스도께서 정하신 대로 떡과 포도주를 주고 받음으로써 그의 죽으심을 나타내 보이는 성례입니다. 주님의 성찬을 합당하게 받는 사람은 물질적이고 육신적인 태도가 아니라 믿음으로 받고 그리스도의 몸과 피에 참여하여서 주님의 모든 유익을 받고, 신령한 양식을 먹고 은혜 안에서 장성합니다.

## 웨스트민스터 신앙고백서 / 제 29장 주의 성만찬에 관하여

**1항.** 우리 주 예수님은 잡히시던 날 밤에 자신의 몸과 피로 세우신 성례, 곧 성찬을 제정해 자신의 교회 안에서 세상 끝날까지 지키게 하심을 자신의 죽음으로 스스로를 희생시킨 일을 영원히 기념하게 하시고, 그것을 통해 참 신자들에게 주어지는 모든 축복을 보증하시며, 자기 안에서 영적 양식을 먹고 성장하게 하시고, 자신에게 행해야 할 모든 의무를 더욱 충실하게 행하게 하시며, 자신의 신비한 몸의 지체로서 자신과 그들 상호 간에 교제를 나누는 것을 보증하는 증거로 삼게 하셨다.

## 하이델베르크 요리문답 / 제 75문

75문 : 그리스도께서 십자가 위에서 이루신 단번의 제사와 그의 모든 공효에 당신이 참여함을 성찬에서 어떻게 깨닫고 확신합니까?

답 : 그리스도께서는 나와 모든 성도에게 그를 기념하여 이 뗀 떡을 먹고 이 잔을 마시라고 명령하시고 또한 이렇게 약속하셨습니다. 첫째, 주님의 떡이 나를 위해 떼어지고 잔이 나에게 분배되는 것을 내 눈으로 보는 것처럼 확실히, 그의 몸은 나를 위해 십자가에서 드려지고 찢기셨으며 그의 피도 나를 위해 쏟으셨습니다. 둘째, 그리스도의 살과 피가 확실한 표로서 주님의 떡과 잔을 내가 목사의 손에서 받아 입으로 맛보는 것처럼 확실히, 주님께서는 십자가에 달리신 그의 몸과 흘리신 피로써 나의 영혼을 친히 영생에 이르도록 먹이시고 마시게 하실 것입니다.

## 벨기에 신앙고백서 / 제35조 주의 만찬의 성례

우리는 우리 구주 예수 그리스도께서 이미 중생시키시고 당신의 가족 곧 당신의 교회로 받아들이신 자들을 육성하시고 양육하시기 위해서 주의 만찬의 성례를 제정하셨다는 것을 믿습니다.

중생한 사람들은 이중적 생명을 가집니다. 하나는 육체적이고 일시적인 생명인데, 이 생명은 그들의 첫 번째 탄생으로 받고 모든 사람들에게 공통적인 것입니다. 다른 하나는 영적이고 천상적인 생명인데, 이 생명은 그들의 두 번째 탄생에서 주어진 것이고, 그리스도의 몸의 교제에서 복음의 말씀으로 이루어집니다. 이 생명은 모든 사람에게 공통적인 것이 아니라 하나님의 택하신 자들에게만 해당됩니다.

# 기독교강요 4권 17장 1절

하나님은 단번에 우리를 자기의 가족으로 받아들이시고 단지 종으로서 여기지 아니하시고 아들로 삼으신 후, 최고의 아버지로서의 자기 역할을 다 이루시기 위해 자기의 자녀들을 염려하시고 삶의 전체 여정을 통하여 그들을 먹이시며, 단지 이것에 만족하지 아니하시고 자기의 계속적인 후하심을 더욱 확실하게 하기 위하여 우리에게 보증을 세우셨습니다. 이 목적을 이루시기 위하여, 자기의 독생하신 아들의 손을 통하여 교회에 새로운 성례, 즉 영적인 잔치를 부여하셨던 것입니다. 이 잔치에서 그리스도는 자기가 생명을 살리는 떡이심을 입증하시며(요 6:51), 우리의 영혼은 그 떡으로부터 참되고 복된 불멸성을 먹게 됩니다.

하나님 아버지, 오늘도 귀한 공부를 통해 성찬에 관해 알게 하심에 감사드립니다. 성찬에 참여함을 통해 하나님께서 주시는 모든 은혜와 유익들을 깨닫고, 성찬에 형식적으로 참여하는 것이 아닌 진심으로 참여할 수 있도록 도와주시옵소서.

성찬은 주님께서 친히 제정한 것으로 우리가 언제나 감사한 가운데 참여하길 소망합니다. 성찬이 기다려지기 소망합니다. 성찬을 통해 주시는 감격과 유익과 은혜들을 깊이 깨닫고 참여할 때마다 성찬의 은혜가 넘치도록 도와주시옵소서.

단순히 참여하는 것보다 더 많은 지식과 은혜들 가운데 참여 하도록 도와주시고, 마음을 새롭게 함으로 진정한 믿음과 마음을 가지고 성찬에 참여함을 통해 주님이 주시는 참된 양식을 먹고 참된 음료를 마심을 통하여 놀라운 은혜를 경험하도록 인도하여 주옵소서.

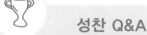

Q. 성찬과 애찬의 차이는 무엇인가요?

A. 성찬과 애찬의 가장 큰 차이점은 성찬은 주님께서 제정하신 예식이지만, 애찬은 제정된 예식이 아닙니다. 성찬은 참여를 통해 그리스도의 살과 피를 먹고 마시는 예식이지만, 애찬은 아닙니다.

초대교회에서는 성찬식과 애찬식이 하나로 이어져 있었습니다. 성찬식 이후에 성도들의 식탁 교제인 애찬식이 진행되었다가 시간이 흐른 뒤 이 둘은 서로 분리됩니다. 그 결과 애찬식은 결국 변질 되었습니다. 그래서 애찬식에 대해서 부정적 의견들이 더 많습니다.

애찬은 유다서 1장 12절에 단 한 번 등장합니다. 영어로 애찬을 Love Feast라고 표현합니다. 즉, 사랑의 만찬입니다. 하나의 예식으로 존재하는 것이 아닌, 성도들의 식탁 교제라고 볼 수 있습니다. 식탁 교제는 떡과 포도주만 가지고 하는 것이 아니라 성도들 간 먹고 마심으로 음식과 상관없이 교제가 이루어지는 것입니다. 즉, 성찬의 요소인 떡과 포도주가 없어도 애찬식이 가능합니다.

애찬식은 특별히 규정된 예식이 아니기 때문에 성도의 모임에 가능합니다. 성찬식과 다르게 음식도 정해진 것이 없기 때문에 일반적인 음식으로 함께 식탁 교제를 하는 것입니다. 그래서 모임의 주관자는 사역자가 아니어도 가능합니다.

그러나 현재 행해지고 있는 애찬은 좀 다릅니다. 교회와 선교단체에서 애찬식을 할 때는 성찬을 못하기 때문에 애찬이라는 이름만 사용하고, 모든 형식은 성찬하고 똑같이 진행합니다. 즉, 성경에서 말하는 애찬이 아니라 성찬을 하지 못하기 때문에 이름만 바꿔서 진행하고 있는 것입니다.

결코 애찬은 성찬을 대신할 수 없습니다. 기독교 예식인 성례는 오직 두 가지 세례와 성찬뿐입니다. 로마교회 7성례 중 5가지(견진 성사, 고해 성사, 종부 성사, 신품 성사, 결혼 성사)가 거짓 성례로 비난받듯이 애찬도 성찬을 대신할 수 있는 성격이 아닙니다. 그 이유는 성찬은 예수님께서 친히 제정하신 주님의 만찬인 반면에 애찬은 예수님께서 제정하신 것이 아닌 일반적인 성도들의 식탁 교제이며, 성경에서 성찬의 중요성은 엄밀하게 다루는 반면에 애찬에 대한 내용은 거의 없기 때문입니다.

그러므로 애찬식을 할 때 성찬식처럼 떡과 잔만 가지고 예식처럼 진행하는 것에 대해 문제가 있습니다. 애찬식은 예배 또는 모임 이후 성도들과 더욱 친밀한 교제를 위해 식사의 방식으로 진행하는 것이 좋습니다. 진행 방식으로는 먼저 죄의 고백과 개별적인 떡과 잔에 대한 감사기도를 드리고 식사를 합니다. 그리고 마지막 감사기도로 마무리하는 것이 좋습니다. 그러나 애찬은 성찬과 분리가 되면서 변질된 역사가 있기 때문에 가급적 안 하는 것이 좋다고 생각합니다.

<table>
<tr><td>제 2 과</td><td># 왜 떡과 포도주를 마시나요?</td></tr>
</table>

---

 **마음열기**

1. 성찬식을 참여하면서 들었던 생각은 무엇일까요?

........................................................................................................

 **내용살피기**

**1. 성찬의 필수적인 요소들은 무엇일까요?**(마 26:26-28)

........................................................................................................

### 마태복음 26장 26-28절

26 저희가 먹을 때에 예수께서 떡을 가지사 축복하시고 떼어 제자들을 주시
며 가라사대 받아 먹으라 이것이 내 몸이니라 하시고 27 또 잔을 가지사 사
례하시고 저희에게 주시며 가라사대 너희가 다 이것을 마시라 28 이것은 죄

성찬의 필수적인 요소는 바로 떡과 포도주입니다. 그 이유는 예수님께서 떡과 포도주를 음식과 음료로 선택했기 때문입니다. 성찬에는 식사라는 개념이 있습니다. 할례가 세례의 하나의 모델이듯이, 성찬 역시 유월절에서 교체되었기 때문에 유월절과 아주 밀접한 관계가 있습니다.

유월절은 구약에 제사이자 성례로 제정되었습니다. 애굽의 10가지 재앙에서 마지막 재앙인 문설주와 인방에 양의 피를 바른 곳은 죽음의 사자가 넘어갑니다. 피는 속죄를 위한 것이기 때문에 죽음의 사자가 넘어가게 된 것입니다. 그래서 유월절은 하나의 제사입니다.

구약은 그리스도의 예표 또는 그림자의 역할을 하는데, 장자의 죽음의 재앙은 그리스도의 십자가를 예표하고 있습니다. 그래서 유월절에 특별히 예수님께서 의도적으로 성찬을 제정하시고, 자신의 살과 피를 떡과 포도주로 제정하셨습니다. 그리고 그것은 예수님의 완전한 제사를 가리키는 것입니다. 예수님께서는 유월절 이후 십자가에서 단번에 완전한 제사를 드림으로 제사를 완성하셨습니다. 그 결과 우리는 더는 제사를 드리지 않습니다.

그러므로 성찬은 예수님의 완전한 제사로 더 이상 제사적 성격은 없어지고, 오직 식사의 개념만 남아 있는 것입니다. 식사의 개념은 먹고 마시는 것으로 이해할 수 있기 때문에 예수님께서 제정하신 그대로 성찬의 필수적 요소는 떡과 포도주가 되는 것입니다.

## 2. 어떤 종류의 떡과 포도주가 합당한가요?(눅 22:15)

**누가복음 22장 15절**
이르시되 내가 고난을 받기 전에 너희와 함께 이 유월절 먹기를 원하고 원하였노라

역사적으로 성찬에서 받는 떡과 포도주의 종류에 관한 논쟁들이 많이 있었습니다. 먼저 동방에서 성찬은 평범한 식사의 요소들이었습니다. 그래서 언제 어디서나 쉽게 구할 수 있는 것으로 떡과 포도주를 사용했습니다. 그래서 떡이 밀, 호밀, 보리 등으로 만들어도 괜찮았으며, 포도주의 색깔도 중요하지 않았습니다.

그리스 정교회는 떡을 발효된 것으로 사용하였고, 로마교회는 떡을 발효되지 않는 것으로 사용하였습니다. 또한 아르메니아 기독교는 물이 섞이지 않은 포도주를 사용했으며, 트렌트공의회는 물과 섞인 것도 괜찮다고 하였습니다. 또한 금욕주의적 사람들은 성찬에서 포도주 대신 물까지 사용했습니다. 심지어 떡과 포도주가 없을 때는 다른 음식과 음료를 사용해도 된다고 주장하기도 합니다.

그러나 여기서 중요한 것은 그리스도께서 제정한 것을 임의로 바꿔도 좋다는 의미가 아닙니다. 단지 그리스도께서 특정해서 떡과 포도주를 규정하셨기에 그 종류는 다양할 수 있지만 임의대로 떡과 포도주를 대신해 다른 음식을 사용하는 것은 옳지 않습니다.

여기서 질문해보면, 현재 교회에서 성찬식을 할 때, 떡이 아닌 빵으로 진

행하고 있습니다. 아무런 문제가 없을까요? 성경에서 등장하는 떡은 빵입니다. 빵이란 단어를 한국적 문화를 배경으로 떡이라고 번역했기 때문에 우리가 떡이라고 생각할 수 있습니다. 그러나 원래는 빵이 맞습니다. 그러므로 빵을 사용하는 것은 지극히 성경적입니다.

### 3. 떡과 포도주를 먹는 이유는 무엇인가요?(요 6:53-55)

**요한복음 6장 53-55절**
53 예수께서 이르시되 내가 진실로 진실로 너희에게 이르노니 인자의 살을 먹지 아니하고 인자의 피를 마시지 아니하면 너희 속에 생명이 없느니라 54 내 살을 먹고 내 피를 마시는 자는 영생을 가졌고 마지막 날에 내가 그를 다시 살리리니 55 내 살은 참된 양식이요 내 피는 참된 음료로다

성찬에서 떡과 포도주는 우연히 선택된 것이 아닙니다. 예수님께서 의도적으로 유월절에 성찬을 제정하셨고, 유월절 음식인 떡과 포도주를 사용하셨습니다. 즉, 예수님께서 의도적으로 떡과 포도주를 제정하셨기 때문에 우리가 먹고 마시는 것입니다.

그뿐만 아니라 예수님은 떡을 자신의 몸이라고 칭하셨고, 포도주를 자신의 피라고 칭하셨습니다. 그래서 떡과 포도주를 먹는 것은 예수님의 몸과 피에 참여하는 것이 됩니다.

여기서 중요한 것은 한 떡을 떼어 먹는 것입니다. 한 떡이라 함은 빵 한 덩어리를 의미합니다. 한 떡을 먹는 이유는 한 그리스도를 먹는 것을 상징

하기 때문입니다. 그래서 여러 개의 떡보다 한 떡에서 떼어 먹는 개념이 중요합니다.

또한, 포도주 역시 미리 따라놓는 것보다 직접 눈에 보이게 따르는 것이 좋습니다. 왜냐하면 포도주는 우리를 위해 흘리신 그리스도의 언약의 피를 상징하기 때문입니다. 포도주가 잔에서 흐르는 모습을 보고, 그리스도께서 흘리신 피를 눈으로 보는 유익이 있기 때문입니다.

벨기에 신앙고백서에서 고백하듯이 우리가 성찬을 통해 떡을 먹고 포도주를 마시는 것은 우리 육체적 생명이 그것에 의해서 유지되는 것처럼, 우리의 영적 생명을 위해서 떡과 포도주를 받음으로 그리스도의 몸과 피에 참여하는 것이라고 가르칩니다.

그러므로 반드시 떡과 포도주를 먹어야만 영적 생명의 양식인 그리스도의 참된 양식과 참된 음료에 참여하게 되는 것입니다. 이러한 참여가 바로 우리와 함께 하신다는 약속을 눈에 보이는 표로 확증하게 됩니다. 떡과 포도주가 우리 안에 있는 것처럼 그리스도께서도 영적으로 우리와 함께하시기 때문입니다.

## 4. 떡과 포도주 중 하나만 받아도 되나요?(고전 11:26)

**고린도전서 11장 26절**

너희가 이 떡을 먹으며 이 잔을 마실 때마다 주의 죽으심을 오실 때까지 전하는 것이니라 로마교회(천주교)에서는 성찬식 때 떡은 회중에게 분배하지만, 포도주는 분배하지 않습니다. 그 이유는 포도주가 땅에 흘릴 수 있기 때문입니다. 그것은 그들이 주장하는 것과 아주 밀접한 연관이 있습니다. 그들은 포도주를 실제 그리스도의 피라고 생각하기 때문에 누군가 실수로 포도주가 땅에 흘릴 수 있기 때문이며, 그 결과 그리스도의 피가 더러워지기 때문입니다. 그래서 포도주를 분배하지 않습니다.

그러나 떡과 포도주는 반드시 둘 다 분배받아야 합니다. 그 이유는 예수님께서 떡과 포도주를 제정하셨을 뿐만 아니라 자신의 살과 피라고 말씀하셨기 때문입니다. 여기서 떡과 포도주의 양은 중요하지 않습니다. 떡과 포도주를 많이 먹었다고 해서 많은 영양을 공급받는 것도 아니며, 적게 먹었다고 해서 적은 영양을 공급받는 것은 아닙니다. 다만, 반드시 떡과 포도주 둘 다 받는 것이 중요합니다. 만약 둘 중 하나만 받게 된다면, 우리는 예수님의 절반의 영양만 공급받게 되는 것입니다.

## 요점정리

1. 성찬의 요소는 떡과 포도주입니다.
2. 떡과 포도주의 종류는 중요하지 않습니다.
3. 떡과 포도주는 생명의 양식이자 참된 음료입니다.
4. 떡과 포도주는 둘 다 분배받아야 합니다.

1. 떡과 포도주 말고 다른 음식을 먹어도 되나요?

2. 떡과 포도주는 얼마나 먹어야 하나요?

3. 떡과 포도주 중 하나만 받게 되면 어떻게 되나요?

## 웨스트민스터 대요리문답 / 제 169문

169문 : 성찬식에서 그리스도께서 떡과 포도즙을 어떻게 주고 받으라고 명령하셨습니까?

답 : 그리스도께서 성찬의 성례를 거행함에서 자기의 말씀의 사역자들을 정명하여 식사의 말씀과 감사와 기도로 떡과 포도즙을 보통 사용으로부터 구별하고 떡을 집어 떼어 떡과 포도즙을 성찬 참여하는 자들에게 나누어 주면 그들은 같은 정명에 의해서 그들을 위하여 그리스도의 몸을 떼어 주시고 그 피를 흘려 주신 것을 감사히 기억하면서 떡을 떼어 먹고 포도즙을 마시게 하신 것입니다.

## 웨스트민스터 신앙고백서 / 제 29장 주의 성만찬에 관하여

3항. 주 예수께서 그의 교역자들에게 이 규례에서, 성례 제정의 말씀을 회중에게 선언하고, 기도하고, 떡과 포도즙의 요품들을 축복하여 그것들을 보통 사용에서 거룩한 사용으로 성별한 것, 떡을 취하여 떼고, 잔을 취하여(그들 자신들도 참여하면서) 수찬자들에게 두 요품을 줄 것, 그러나 그 때에 회중에 출석하여 있지 않은 자에게는 아무에게도 주지 않을 것을 명하셨습니다.

## 웨스트민스터 신앙고백서 / 제 29장 주의 성만찬에 관하여

5항. 그리스도에 의해 정해진 용도들을 위해 정당히 성별된 이 성례에서의 외적요품들은 참으로, 그러나 성례적으로만, 그것들이 제사하고 있는 것, 즉 그리스도의 몸과 피라는 이름으로 혹시 부르는 것과 같은 관계를 십자 가에 못 박히신 자에게 가집니다. 그러나 그것들은 그 실체와 성질에서 오 히려 전과 같은 모양으로, 진실히, 다만, 떡과 포도즙대로 남아 있습니다.

## 하이델베르크 요리문답 / 제 77문

**77문:** 믿는 자들이 이 뗀 떡을 먹고 이 잔을 마시는 것처럼 확실, 그리스도 께서 그들을 그의 몸과 피로 먹이고 마시우겠다는 약속을 어디에서 하셨습 니까?

답: 성찬을 제정하실 때 이렇게 말씀하셨습니다. "주 예수께서 잡히시던 밤 에 떡을 가지사 축사하시고 떼어 이르시되 이것은 너희를 위하는 내 몸이 니 이것을 행하여 나를 기념하라 하시고 식후에 또한 그와 같이 잔을 가지 시고 이르시되 이 잔은 내 피로 세운 새 언약이니 이것을 행하여 마실 때마 다 나를 기념하라 하셨으니 너희가 이 떡을 먹으며 이 잔을 마실 때마다 주 의 죽으심을 그가 오실 때까지 전하는 것이니라"(고전 11:23-26). 바울 사도는 거듭 이 약속의 말씀을 하였습니다. "우리가 축복하는 바 축복의 잔은 그리 스도의 피에 참여함이 아니며 우리가 떼는 떡은 그리스도의 몸에 참여함이 아니냐? 떡이 하나요 많은 우리가 한 몸이니 이는 우리가 다 한 떡에 참여함 이라"(고전 10:16-17).

## 벨기에 신앙고백서 / 제35조 주의 만찬의 성례

육체적이고 지상적인 생명을 유지하도록 하기 위해서, 하나님께서는 지상적이고 물질적인 빵을 정하셨습니다. 이 빵은 생명이 모든 사람들에게 공통적인 것처럼 모든 사람들에게 공통적입니다. 신자들이 가지는 영적이고 천상적인 생명을 유지하도록 하기 위해서, 하나님께서는 하늘로부터 내려오신 산 떡, 곧 예수 그리스도를 그들에게 보내주셨는데, 그분께서는 신자들이 당신을 먹을 때 즉 믿음에 의해서 영적으로 취하여 받을 때 신자들의 영적 생명을 육성하고 양육하십니다.

그리스도께서는 영적이고 천상적인 빵을 우리에게 묘사하기 위해, 당신의 몸의 성례로서의 지상적이고 눈에 보이는 빵과 당신의 피의 성례로서의 포도주를 제정하셨습니다. 그리스도께서는 우리가 우리의 손으로 그 성례를 받아 들고 우리의 입으로 그것을 먹고 마실 때, 우리의 육체적 생명이 그것에 의해서 유지되는 것이 확실한 것만큼, 우리가 우리 영혼의 손과 입으로 우리의 영적 생명을 위해 우리 영혼에 우리의 유일하신 구주 그리스도의 참된 몸과 참된 피를 믿음으로 받아들이는 것도 확실하다고 증거하십니다.

## 기독교강요 4권 17장 3절

주님이 자기의 몸과 피를 우리의 구속과 구원을 위하여 단번에 내어 주시지 않았다면 그 몸과 피가 지금 우리에게 분배되는 그 큰 일이 우리에게 일어나지 않을 것입니다. 이렇듯 주님의 몸과 피가 떡과 포도즙 아래에 표상되므로 우리는 그것들이 우리에게 속한다는 사실뿐만 아니라 그것들이 우리의 영적인 생명의 양식으로서 지정되었다는 사실을 배우게 됩니다.

## 기독교강요 4권 17장 4절

우리는 그의 살과 피를 참된 양식과 음료로 먹고 마심으로써 영생에 이르게 됩니다(요 6:55-56). 그는 "생명의 떡"(요 6:48, 50)이시니, 그것을 먹는 자만이 영원히 살게 됩니다. 주님이 이러한 말씀들을 통하여 입증하시는 약속을 인치고 확정하는 데 성례의 주요한 역할이 있습니다. 그러므로 성례는 이러한 역할을 행하기 위하여 우리를 그리스도의 십자가로 보냅니다.

하나님 아버지, 예수님의 십자가의 단번에 드림으로 우리에게 떡과 포도주로 성찬을 제정하여 주심에 감사합니다. 우리가 떡과 포도주를 먹고 마심으로 그리스도의 무한하신 은혜를 누리며, 영원한 생명으로 나아가는 확신을 주심에 감사합니다. 더욱 주님 안에서 기쁨으로 살게 하여 주옵소서.

성찬을 참여하고, 떡과 잔을 받는 것이 형식적인 것이 되지 않도록 도와주시고, 진심으로 그리스도께서 제정하신 것을 기억하고, 감사함 가운데 참여할 수 있도록 인도하여 주옵소서.

성찬의 참여를 통한 은혜를 누릴 수 있도록 도와주시고, 주신 은혜를 꼭 기억하고, 그리스도인으로 은혜 받은 삶을 살아가도록 인도하여 주옵소서.

## 성찬 Q&A

Q. 온라인 성찬도 가능한가요?

A. 코로나 이후 생겨난 것이 온라인 성찬입니다. 온라인 성찬은 모든 교단에서 불가능하다고 결정을 내렸습니다. 그러나 찬성하는 학자들도 있습니다. 이렇게 의견이 나눠지는 이유는 성찬에 대한 생각이 다르기 때문입니다.

성찬식을 단순하게 생각해서 진행하는 방식의 문제로 가지고 간다면, 온라인 성찬도 가능할 것 같습니다. 그러나 성찬은 진행하는 방식의 문제가 아니라 중요한 예식의 문제입니다. 성찬은 주님께서 예식으로 제정하셨기 때문입니다.

간단하게 생각해보면, 세례도 같은 예식입니다. 만약 온라인으로 세례가 된다고 하면, 성찬도 온라인으로 가능할 것입니다. 그러나 세례를 받기 위해서 집례하는 목사가 필요하고, 동시에 세례의 요소인 물이 필요합니다. 그리고 목사가 물을 통하여 세례자에게 손에 물을 묻히고 머리에 손을 얹어야 합니다. 침례라고 생각하면, 물속에 잠겨야 합니다. 그런데 온라인상으로 집례자가 없기 때문에 물을 얹을 수도 없고, 물속에 잠길 수도 없습니다. 스스로 자기 손에 물을 묻혀 얹던가, 스스로 물속에 잠겨야 합니다. 이것은 예식이라고 할 수도 없으며, 이렇게 진행하는 것은 분명히 문제가 있습니다.

그렇다면 성찬도 동일한 것입니다. 교회에 미리 와서 성찬 키트인 떡과 포도주를 미리 가지고 가서 집에서 혼자 영상을 보면서 예식에 참여하는 것입니다. 세례와 마찬가지로 성찬의 집례자와 분배자가 없습니다. 그 결과 온라인상으로 진행되는 성찬도 예식이라고 할 수 없는 것입니다. 그뿐만 아니라 성찬은 하나의 떡을 먹고, 하나의 포도주를 마시는 데 있습니다. 하나의 식탁에 앉는데 의미가 있는 것이 아닙니다. 그러나 온라인에서 하나의 떡과 하나의 포도주를 먹고 마시는 것은 불가능합니다.

또한, 성찬의 특징 가운데 하나는 감각적이며, 외적인 상징이며, 이것을 통하여 영적 진리를 드러내는 것입니다. 단순히 떡과 포도주를 먹고 마시는 것뿐만 아니라 떡을 떼고, 포도주를 붓는 일과 떡과 포도주를 함께 받음으로 성도들과 서로 친교를 갖게 되는 것입니다.

그리고 성찬시 떡과 포도주에 축사를 하는데, 이것은 떡과 포도주를 성별하는 것입니다. 떡과 포도주를 성별하고, 말씀으로 제정하고, 성령의 임재를 통하여 그리스도의 살과 피를 영적으로 먹는 것인데, 온라인상에서는 불가능한 것입니다.

그러므로 온라인 성찬은 사실상 불가능합니다. 결코 대체할 수 없는 부분임을 기억해야 합니다.

제 3 과 | 떡과 포도주는 예수님 살과 피로 변하나요?

## 마음열기

**마음열기**

1. 성찬식에 참여하면서 예수님의 살과 피를 먹는다고 생각해본 적이 있나요?

................................................................................................................

**내용살피기**

**1. 떡과 포도주는 예수님의 살과 피로 실제로 변하나요?**(요 6:58)

................................................................................................................

**요한복음 6장 58절**

이것은 하늘로서 내려온 떡이니 조상들이 먹고도 죽은 그것과 같지 아니하
여 이 떡을 먹는 자는 영원히 살리라

성찬에는 다양한 이론들이 존재합니다. 이 이론들은 떡과 포도주가 실제

로 그리스도의 몸과 피로 변화는 지에 대한 논쟁에서 비롯된 것입니다. 대표적으로 4가지 개념인 화체설, 공재설, 기념설, 영적임재설이 있습니다.

첫째, 로마교회에서 주장하는 화체설입니다. 화체설은 실제로 떡과 포도주가 예수님의 살과 피가 된다는 주장입니다. 이 주장은 예수님의 말씀을 문자적으로 해석한 것입니다. 문제는 예수님의 떡과 포도주가 예수님의 실제 살과 피가 된다는 것입니다. 그래서 이 교리에 의하면, 떡과 포도주를 흘리면 안 됩니다. 왜냐하면, 예수님의 실제 살과 피이기 때문입니다. 그 결과 로마교회는 성찬식을 행할 때 떡은 분배하지만 포도주는 흘릴 수 있기 때문에 분배하지 않습니다.

둘째, 루터교의 공재설입니다. 공재설은 떡과 포도주에 실제로 아무런 변화가 없지만 떡과 포도주 주위(안에, 아래, 함께)에 실제로 함께하신다고 주장하는 것입니다. 공재설은 장소적 임재가 가장 중요한 핵심입니다. 그리스도의 몸과 피가 성찬식 때 장소적으로 임재하시기 때문에 로마교회의 주장과 비슷하게 입으로 먹는 것을 의미합니다. 비록 실제 살과 피가 되는 것은 아니지만, 장소적으로 떡과 포도주 안에, 그리고 아래, 그리고 함께 임재하시기 때문에 떡과 포도주를 먹고 마시는 것이 바로 그리스도를 실제로 먹고 마시는 것을 주장하는 것입니다.

셋째, 쯔빙글리의 기념설입니다. 기념설은 예수님의 살과 피를 상징 또는 기념하는 것에 불과하다는 주장입니다. 이 주장은 로마교회와 루터의 주장인 그리스도께서 육체적으로 성찬시에 임재한다는 것을 거부한 것입니다. 그래서 오직 성찬에는 육체적 임재로 그리스도의 살과 피를 먹고 마시는 것이 아니라 단순히 기념하거나 상징적인 의미에 불과한 것이라고 주장한 것입니다. 대부분 장로교가 이 입장을 취한다고 오해하고 있습니다.

넷째, 칼빈의 영적임재설입니다. 칼빈은 그리스도께서 육체적으로 그리고 장소적으로 임재하시지는 않는다고 주장합니다. 영적임재설은 그리스도께서 영적으로 떡과 포도주에 임재하시며, 그것은 상징이 아니라 실제로 임재하는 것입니다. 영적인 것이 실제적이기 때문입니다. 하나님도 영이십니다. 영이시기 때문에 실제로 존재하지 않는 것이 아니라 실제로 존재하시는 분이시기 때문입니다. 그러므로 영적 임재는 하나의 방식으로 떡과 포도주에 임재하시는 것이며, 동시에 실제적인 임재입니다.

영적으로 임재하실 때는 그리스도의 영이신 성령님의 임재입니다. 성령님께서 떡과 포도주에 영적으로 임재하시는 것입니다. 그리고 우리는 믿음을 통하여 영적인 먹음을 통하여 그리스도와의 연합이 되는 것입니다. 칼빈은 실제 육체적 임재인 화채설과 공재설을 거부하고 영적 임재를 주장하였고, 단지 상징에 불과하다는 기념설을 거부하고 실제를 주장함으로 전부 거부한 것입니다.

## 2. 예수님의 살과 피를 어떻게 먹음으로 참여할 수 있나요?(고전 10:16)

### 고린도전서 10장 16절
우리가 축복하는바 축복의 잔은 그리스도의 피에 참예함이 아니며 우리가 떼는 떡은 그리스도의 몸에 참예함이 아니냐

예수님의 살과 피를 떡과 포도주로 먹는 것입니다. 그 이유는 예수님께서 말씀하셨듯이 떡과 포도주가 자신의 살과 피라고 말씀하셨기 때문입니다. 그러나 우리가 명심해야 하는 것은 떡과 포도주가 실제 예수님의 살과

피가 되는 것이 아니라 성령의 임재를 통해서 영적으로 예수님의 살과 피가 되는 것입니다. 우리는 떡과 포도주를 영적으로 먹는 것이며, 믿음으로 먹는 것입니다. 그리고 성령의 임재를 통해서 우리는 실제로 그리스도의 살과 피를 먹게 되는 것입니다. 즉, 영적인 먹음으로 우리는 예수님의 살과 피에 참여하게 되는 것입니다.

### 3. 예수님은 하나님 우편에 계시는데 어떻게 우리와 연합하여 계시나 요?(마 28:20)

**마태복음 28장 20절**
내가 너희에게 분부한 모든 것을 가르쳐 지키게 하라 볼찌어다 내가 세상 끝날까지 너희와 항상 함께 있으리라 하시니라

예수님은 이 땅에서 승천하셔서 그의 몸은 실제로 하나님 우편에 앉아 계십니다. 그런데 어떻게 우리가 예수님의 살과 피를 먹음으로 연합할 수 있을까요? 그것은 간단히 설명할 수 있습니다.

예수님은 한 인격 두 본성을 가지신 분이십니다. 한 인격 안에 두 가지 본성이 있는데, 하나는 신성이고, 하나는 인성입니다. 이 두 가지 본성은 섞이지 않고, 혼합되지 않습니다. 우리가 이해할 수 없는 신비한 연합을 이루고 계십니다.

이처럼 예수님은 인성에 따라 비록 몸은 승천하셔서 하나님 우편에 앉아 계시지만, 신성에 따라 모든 곳에 충만하십니다. 예수님께서 우리와 연합

하시겠다는 의미는 바로 신성에 따라 가능한 것입니다. 실제로 인성을 따라 우리가 예수님의 살과 피를 먹고 연합하는 것이 아니라 신성을 따라 예수님의 살과 피가 떡과 잔으로 임재하심으로 우리는 영적으로 먹기 때문에 예수님과 연합이 가능합니다. 물론 영적 임재는 성령 임재 방식입니다. 왜냐하면 성령은 그리스도의 영이라고 부르기 때문입니다.

같은 방식으로 예수님께서도 세상 끝날까지 함께하시겠다고 약속하신 것도 성령을 보내심으로 우리와 연합하여 함께 계시는 것입니다. 이 연합의 방식은 오직 성령의 임재를 통해서만 가능합니다. 예수님께서 신성과 인성이 신비한 연합을 이루듯이 우리도 성령을 통해 예수님과 연합할 수 있는 것입니다.

성찬에 참여하는 것이 바로 이러한 연합을 눈에 보이는 표로 주신 것입니다. 그러므로 성찬에 참여하는 것이 아주 중요합니다. 성찬을 통해 떡과 포도주를 먹고 마심으로 우리는 믿음을 통해 영적으로 먹고, 예수님과 연합을 눈으로 보기 때문입니다.

## 4. 불신자가 성찬에 참여하면 그리스도의 살과 피를 먹는 것인가요?(고전 11:27)

---

**고린도전서 11장 27절**

그러므로 누구든지 주의 떡이나 잔을 합당치 않게 먹고 마시는 자는 주의 몸과 피를 범하는 죄가 있느니라 불신자는 기본적으로 성찬에 참여할 수 없습니다. 그러나 혹 성찬에 참여하게 될 경우 그리스도의 살과 피를 먹는 것은 아닙니다. 앞서 계속 언급했듯이 예수님의 살과 피는 믿음을 통하여 영적으로 먹는 것인데, 불신자는 믿음이 없기 때문에 예수님의 살과 피를 영적으로 먹을 수 없는 것입니다. 그들이 먹는 것은 일반적인 떡과 포도주에 불과합니다.

오직 예수님의 살과 피는 믿음을 통해서 신자만 영적으로 먹을 수 있는 것입니다. 성령의 임재 없이, 성령의 역사가 없는 사람이 예수님의 살과 피에 참여했다고 볼 수 없습니다. 오히려 떡과 포도주를 먹고 마심으로 인해 주의 몸과 피를 범하는 죄를 짓는 행위입니다. 주의 몸과 피를 범하는 죄는 예수님의 살과 피로 다 이루신 구원을 무너트리는 것입니다. 그 결과 예수님을 믿지 않은 사람이 성찬에 참여하면, 그리스도의 몸에 참여하는 것이 아니라 오히려 구원을 무너트리는 행위가 되는 것입니다. 그러므로 아무나 성찬에 참여하도록 해서는 안 되며, 오직 예수님을 믿고, 세례를 받은 사람만 참여해야 합니다.

1. 성령님의 영적 임재를 통해 실제로 예수님의 살과 피에 참여합니다.

2. 믿음을 통해 영적인 먹음으로 예수님의 살과 피에 참여합니다.

3. 신성에 따라 성령의 임재 방식으로 우리와 함께 연합하십니다.

4. 불신자는 성찬에 참여해도 일반적인 떡과 포도주를 먹는 것입니다.

생각해보기

1. 성찬의 요소인 떡과 포도주에 관한 생각의 변화는 무엇인가요?

_____

2. 예수님의 살과 피를 믿음을 통해 영적으로 먹는다는 의미는 무엇인가요?

_____

3. 성찬을 통해 예수님께서 우리와 연합하신다는 내용을 통하여 여러분이 얻는 유익은 무엇일까요?

_____

## 웨스트민스터 대요리문답 / 제 170문

170문 : 성찬에 합당하게 참여하는 사람들은 어떻게 그리스도의 살과 피를 먹습니까?

답 : 그리스도의 몸과 피가 성찬 떡과 포도즙 안에, 함께 혹은 밑에 육체적으로 임재하지 않지만, 그 떡과 포도즙 자체는 수찬자의 외적 감각 못지않게 믿음에도 진실로 임재합니다. 그러므로 주님의 성찬에 합당히 참여하는 자들은 육체적이 아니라 영적으로 그리스도의 몸과 피를 먹고 마십니다. 그러나 진실로 그들은 믿음으로 십자가에 달려 죽으신 그리스도와 그의 죽음에서 오는 모든 혜택을 받아 자신들에게 적용하는 것입니다.

## 웨스트민스터 신앙고백서 / 제 29장 주의 성만찬에 관하여

6항. 떡과 포도즙이 사제의 축복이나 혹은 다른 어떤 방도에 의해 그리스도의 몸과 피의 실체로 변한다는(보통으로 화체설이라 칭하는) 교리는 성경에 반할 뿐 아니라, 상식과 이성에도 그리하며, 성례의 성질을 거꾸러뜨리며, 이제까지 여러 가지 미신들과 난잡한 우상 숭배의 원인이 되어 왔고 지금도 그러합니다.

## 웨스트민스터 신앙고백서 / 제 29장 주의 성만찬에 관하여

7항. 합당한 수찬자는 이 성례에 있어서, 유형한 요품들에 외적으로 참여하면서 또한 신앙에 의하여 내적으로 참여하여, 실제로 또는 참으로, 그러나 육체적 또는 신체적으로가 아니라 영적으로, 십자가에 못 박히신 그리스도와 그의 죽음의 모든 은택을 받고 또한 그것들을 먹고 삽니다. 그때에 그리스도의 몸과 피가, 신체적 혹은 육체적으로 떡과 포도즙의 안에, 함께, 혹은 아래 있는 것이 아니라, 이 규례에서 요품 자체들이 그들의 외적 감각들에 대하는 것과 같은 모양으로, 실제로, 그러나 영적으로, 신자들의 신앙에 대하여 임재합니다.

## 하이델베르크 요리문답 / 제 78문

78문 : 떡과 포도주가 그리스도의 실제 몸과 피로 변합니까?
답 : 아닙니다. 세례의 물이 그리스도의 피로 변하는 것도 아니고 죄 씻음 자체도 아니며 단지 하나님께서 주신 표와 확증인 것처럼, 주의 만찬의 떡도 그리스도의 실제 몸으로 변하는 것은 아닙니다. 성찬의 떡을 그리스도의 몸이라고 하는 것은 성례의 본질을 나타내는 성례적 용어입니다.

## 벨기에 신앙고백서 / 제35조 주의 만찬의 성례

예수 그리스도께서 우리에게 헛되이 당신의 성례를 명하지 않으셨다는 것은 의심할 여지가 없습니다. 그러므로 그리스도께서는 이 거룩한 표로 우리에게 나타내신 모든 것을 우리 안에서 이루십니다. 우리는 마치 우리가 하나님의 영의 감추어진 활동을 이해할 수 없는 것처럼 이 일이 행해지는 방식을 이해하지 못합니다. 우리가 먹고 마시는 것이 진짜 그리스도의 몸과 진짜 그리스도의 피라고 말할 때 우리는 잘못된 것이 아닙니다. 그러나 우리가 먹는 방식은 입으로가 아니라 믿음에 의해서 영으로 먹는 것입니다. 그런 방식으로 예수 그리스도께서는 항상 하늘에서 당신의 하나님 아버지의 오른편에 앉아 계십니다. 그러나 그리스도께서는 믿음으로 우리와 끊임없이 교제하기를 멈추지 않으십니다. 이 잔치는 그리스도께서 우리를 당신의 모든 혜택들과 함께 당신 자신을 받은 참여자가 되게 하시고 당신 자신과 당신의 고난과 죽음의 공로를 즐기도록 우리에게 은혜를 베푸시는 영적 식탁입니다. 그리스도께서는 당신의 육체를 먹게 하심으로 우리의 가난하고 고독한 영혼을 육성하시고 강화시키시고 당신의 피를 마시게 하심으로 회복시키시고 새롭게 하십니다.

## 기독교강요 4권 17장 10절

요컨대 떡과 포도즙이 육체적인 삶을 유지시키고 지키듯이 우리의 영혼은 그리스도의 살과 피를 먹고 삽니다. 이러한 표징의 유비는 영혼이 그리스도 안에서 양식을 찾을 경우에만, 즉 참으로 그리스도가 우리와 결합되어서 하나가 되심으로써 우리가 그의 살을 먹고 그의 피를 마셔 생기를 얻게 되는 경우에만 적절하게 적용될 수 있습니다.

그렇게 멀리 떨어진 곳에 있는 그리스도의 살이 우리 속으로 깊숙이 들어와서 우리의 양식이 된다는 것이 믿을 수 없는 것처럼 보이지만, 성령의 은밀한 능력이 우리의 모든 지각을 뛰어넘어 얼마나 탁월하게 작용하는지를, 그리고 우리의 잣대로 성령의 무한하심을 측량하는 것이 얼마나 어리석은지를 기억하도록 하십시오. 그것을 우리의 마음으로 이해할 수 없다면 우리의 믿음으로 품도록 하십시오. 참으로 성령은 공간상 떨어져 있는 것들을 하나가 되게 하시기 때문입니다.

하나님 아버지, 우리에게 성찬을 허락하시고. 제정하여 주심에 감사합니다. 특별히 성찬을 통하여, 믿음을 통하여 영적인 먹음으로 그리스도의 실제 살과 피를 먹고 마심으로 그리스도와 연합하게 하여 주심에 감사합니다. 이 특별한 연합의 은혜를 누리고, 믿음이 그리스도의 장성한 분량까지 자라게 하여 주옵소서.

성찬을 단순히 상징으로 생각하고 참여하는 것이 아닌, 그리스도의 영적이고, 실제적인 임재를 기억하고, 늘 감사와 기쁨 가운데 은혜를 누리는 성찬이 되게 하여 주옵소서. 성찬이 기다려지고, 성찬이 주는 은혜들을 통하여 믿음의 성장이 지속적으로 이뤄지도록 도우소서.

성찬을 통한 놀라운 은혜를 참여할 때마다 누리게 하시고, 참된 기쁨의 시간이 되도록 도와주시옵소서.

## 성찬 Q&A

Q. 성찬은 어떻게 진행되나요?

A. 성찬의 진행은 각 교단마다 추구하는 예식 순서가 있습니다. 각 교단 예식을 따라하면 됩니다. 다만, 성찬 때 꼭 필요한 부분을 말씀드리자면, 말씀의 선포가 가장 중요합니다. 말씀 선포 없는 성찬식은 없고, 말씀의 선포 없이 떡과 포도주에 성령의 임재가 없기 때문입니다. 그리고 기도함으로 주님께서 떡과 포도주에 축복하신 것처럼 떡과 포도주를 성별하고, 성도들의 올바른 성찬 참여를 위해 기도해야 합니다. 그리고 반드시 떡과 포도주 둘 다 분배해야 하며, 세례를 받지 않은 성도와 죄를 회개하지 않은 성도는 제외됩니다. 그 외에는 교단에 맞게 진행 됩니다.

다양한 성찬 예식 가운데 칼빈의 기독교 강요에 나와 있는 성찬 진행 방식을 소개합니다. 참고하셔서 더욱 은혜로운 성찬이 진행되길 소망합니다.

1. 공중기도입니다. 성찬의 시작은 성도를 대표해서 목사가 기도함으로 시작됩니다.

2. 설교입니다. 성찬에 대한 말씀 선포가 반드시 필요합니다. 성찬 제정의 말씀에 대한 설교가 없이 올바른 성찬이 있을 수 없기 때문입니다.

3. 성찬의 제도 언급입니다. 성찬을 거행하는 목사는 떡과 포도주를 식탁에 놓은 후에 성찬 제정에 관한 말씀을 낭송하는 것입니다.

4. 성찬에서 주신 약속의 말씀을 풀어 설명합니다.

5. 주님께서 금지하신 사람들을 제외시켜야 합니다. 성찬을 받기 합당하지 않는 사람들을 제외시키는 것입니다. 불신자 또는 죄를 회개하지

않는 사람들입니다.

6. 기도해야 합니다. 성찬을 거행하는 목사는 우리에게 주신 거룩한 양
   식을 믿음을 가지고 감사하는 마음으로 받도록 우리를 가르치시고, 훈
   련시켜 주시고, 자격 없는 자를 거룩한 잔치에 합당하게 참여할 수 있
   도록 기도해야 합니다. 그리고 여기서 시편들을 노래하거나 어떤 것
   을 읽든지 해야 합니다.

7. 적합한 순서에 따라 목사가 떡을 떼고 잔을 나누어 성도들이 거룩한
   잔치에 참여하도록 합니다.

8. 성찬이 끝났을 때, 믿음과 신앙고백과 합당한 사랑과 행위를 위한 권
   고가 있어야 합니다.

9. 하나님께 감사하는 찬양을 드립니다.

10. 이 모든 것이 끝나면 교회는 조용히 또는 평화 가운데 산회합니다.

## 제4과 성찬은 누가 참여할 수 있나요?

 **마음열기**

1. 가장 기억에 남는 성찬식은 언제였나요?

........................................................................................................

 **내용살피기**

**1. 성찬을 받기 전에 준비가 필요한가요?**(고전 11:28, 29)

........................................................................................................

### 고린도전서 11장 28-29절

²⁸ 사람이 자기를 살피고 그 후에야 이 떡을 먹고 이 잔을 마실찌니 ²⁹ 주의
몸을 분변치 못하고 먹고 마시는 자는 자기의 죄를 먹고 마시는 것이니라

성찬을 받기 전에 3가지 준비가 필요합니다.

첫째, 자신의 믿음을 점검해야 합니다. 고린도전서 11장 28, 29절 말씀에서도 자기를 살피고 떡과 잔을 마시라고 합니다. 자기를 살피라는 말씀은 먼저 자신이 믿음 안에 있는가를 확인해야 합니다. 성찬식은 예수님의 살과 피를 먹고 마시는 영적 잔치입니다. 믿음이 없는 사람은 참여할 수 없습니다. 그러므로 성찬을 받기 전 먼저 자신의 믿음을 점검해야 합니다.

둘째, 자신의 죄를 점검하고, 회개함으로 정결하게 성찬에 참여할 수 있도록 해야 합니다. 고린도전서 11장 29절은 '주의 몸을 분별하지 못하고 먹고 마시는 자는 자기의 죄를 먹고 마시는 것'이라고 말씀합니다. 성찬은 주님께서 제정하신 영적 잔치이며, 동시에 주님의 살과 피를 먹고 마시는 것이기 때문에 반드시 자신의 죄를 점검하고, 회개함으로 주의 만찬에 참여해야 합니다. 그러지 않을 경우 자기의 죄를 먹고 마시게 되는 것이며, 스스로 심판을 받기 위한 행위가 됩니다. 그러므로 반드시 죄를 점검하고 회개함으로 성찬에 참여해야 합니다.

셋째, 성찬은 바른 지식과 분별력을 가지고 참여해야 합니다. 성찬은 단순히 상징적으로 거행되는 것이 아니라 주님의 살과 피를 먹고 마시는 영적 잔치입니다. 그리고 실제로 그리스도의 몸에 참여하는 것입니다. 바른 지식을 가지고, 분별함으로 성찬에 참여할 때, 성찬의 참된 의미와 실체를 발견하고, 하나의 몸인 그리스도의 살과 피를 먹고 마심으로 그리스도와 연합된 사실을 깨닫게 됩니다.

## 2. 누가 성찬에 참여할 수 있나요?(고전 10:21)

**고린도전서 10장 21절**

너희가 주의 잔과 귀신의 잔을 겸하여 마시지 못하고 주의 상과 귀신의 상에 겸하여 참예치 못하리라

성찬에 참여하는 할 수 있는 사람은 오직 예수님을 믿는 성도(세례 받은 자, 만 14세 이상)만 가능합니다. 성찬의 핵심은 그리스도와 연합에 있습니다. 세례가 그리스도와 연합의 시작의 표이며, 성찬은 그리스도와 연합의 계속적인 표입니다. 성찬에 참여하는 것은 그리스도와 연합이 계속 되는 것을 눈에 보이는 표로 받는 것입니다. 왜냐하면 성찬은 그리스도의 살과 피를 먹고 마시는 영적 잔치이기 때문에 그리스도와 연합이 핵심이 되는 것입니다.

그리스도와 연합이 가능한 사람은 오직 믿음을 가진 성도입니다. 그리스도는 교회의 머리이자 교회는 그리스도의 몸입니다. 이것이 하나의 연합을 의미합니다. 그리스도와 벨리알을 동시에 섬길 수 없듯이(고후 6:15) 오직 그리스도와 연합이 가능한 사람은 예수님을 믿는 성도밖에 없습니다. 예수님을 믿지 않는 사람은 그리스도와 연합 자체가 불가능합니다. 성경에서도 믿지 않는 자와 멍에를 함께 메지 말라고 하셨으며, 의와 불법이 함께 할 수 없고, 빛과 어둠이 사귈 수 없습니다(고후 6:14). 결과적으로 그리스도와 연합이 불가능하기 때문입니다.

그러므로 오직 예수님을 믿는 성도(세례 받은 자)만이 성찬에 참여할 수 있습니다. 성찬에 참여하는 성도는 자신이 그리스도와 연합되는 은혜를 직

접 눈으로 보고, 믿음으로 그리고 영적으로 먹고 마시는 것입니다. 다만, 예수님을 믿지 않는 사람이 성찬에 참여하였을 경우 그들은 자신들의 심판을 먹고 마시는 것입니다.

## 3. 성도 중 성찬에 참여할 수 없는 사람도 있나요?(고전 11:31)

### 고린도전서 11장 31절
우리가 우리를 살폈으면 판단을 받지 아니하려니와

성찬에 참여할 수 없는 사람은 죄를 범하고도 회개하지 않는 성도 또는 개인의 양심에 거리낌이 있는 성도입니다. 교회에는 권징이라는 제도가 있습니다. 권징은 죄를 지은 성도에게 교회가 내리는 징벌의 형태라고 볼 수 있습니다. 권징 중에 수찬 정지라는 것이 있습니다. 수찬 정지는 비록 예수님을 믿는 성도이지만, 죄를 짓고 회개하지 않을 경우 교회가 권징함으로 성찬에 참여하지 못하도록 하는 것입니다. 이것은 교회의 권세와 맞물려 있습니다. 즉, 교회는 적극적으로 죄에 대한 선포와 회개를 촉구함으로 성도들에게 죄의 문제를 해결하도록 도와야 합니다. 그리고 성도들이 성찬에 기쁨과 감사로 참여할 수 있도록 도와야 합니다. 결국 성찬의 중요성을 알리고 죄에 대한 경각심을 심어주어 성찬에 참여하지 못하는 것이 얼마나 큰 문제인지 알려주어야 할 것입니다.

# 4. 성찬은 1년에 몇 번 해야 하나요?(행 2:46)

**사도행전 2장 46절**

날마다 마음을 같이 하여 성전에 모이기를 힘쓰고 집에서 떡을 떼며 기쁨과 순전한 마음으로 음식을 먹고

초대교회는 주일 저녁 특별한 교회 모임에서 시작되었습니다. 그리고 매일 또는 매주일마다 시행되었습니다. 시간이 지나면서 주일 저녁에서 주일 오전 예배로 옮겨졌습니다. 교회 역사적으로 보았을 때 성찬은 주일 예배 때마다 하는 것이 좋습니다. 왜냐하면, 성찬이 가지고 있는 특별함 때문입니다. 성찬은 교회의 은혜의 수단이며, 교회의 표지이며, 그리스도와 연합의 표를 보여주기 때문입니다. 그래서 성찬을 통하여 하나의 공동체라는 생각을 계속적으로 갖게 됩니다.

물론 현재는 교회 형편상 주일 예배마다 하는 것의 어려움은 있습니다. 성찬에 참여하는 사람들이 많아졌기 때문입니다. 그래서 성찬은 칼빈의 주장대로 가능한 자주 하는 것이 좋고, 일주일에 한 번, 또는 최소 한 달에 한 번은 하는 것이 이상적입니다.

1. 성찬을 받기 전에 반드시 자기 자신을 점검해야 합니다.
2. 성찬은 오직 예수님을 믿는 사람만 참여 가능합니다.
3. 자신의 죄에 대한 경각심을 갖고 성찬에 참여해야 합니다.
4. 성찬은 주일 예배에서 가능한 자주 하는 것이 좋습니다.

 생각해보기

1. 성찬에 참여하기 전에 자신이 점검해야 할 부분은 무엇인가요?

2. 성찬에 참여함이 자신의 믿음이 성장에 어떤 도움이 될까요?

3. 교회의 권징으로 인해 성찬에 참여하지 못하게 된 경우 어떻게 해야 할
   까요?

4. 성찬 참여에 신중하며, 적극적으로 참여해야 한다면 어떤 마음가짐으로 참여할지 나누어 볼까요?

........................................................................................................................................

## 웨스트민스터 소요리문답 / 제 97문

**97문**: 주님의 성찬을 합당하게 받으려면 어떻게 하여야 합니까?

**답**: 주님의 성찬에 합당하게 참여하려는 사람은 주님의 몸을 분별하는 지식이 있는지, 주님을 양식으로 삼는 믿음이 있는지, 회개와 사랑과 새로운 순종이 있는지 스스로 살펴야 합니다. 그렇지 아니하면 합당치 않게 나아옴으로 자기에게 임할 심판을 먹고 마시게 됩니다.

## 웨스트민스터 대요리문답 / 제 171문

**171문**: 성찬의 세례를 받고자 하는 사람들은 성찬에 참여하기 전에 어떠한 준비를 해야 하는가?

**답**: 성찬의 성례를 받고자 하는 사람들은 성찬에 참여하기 전에 이에 대한 준비를 해야 합니다. 곧 자신들이 그리스도 안에 있는가를, 자신들의 죄와 부족을, 자신들의 지식, 믿음, 회개, 하나님과 형제들에게 대한 사랑, 모든 사람에게 대한 자선, 그들에게 해를 준 사람들에게 용서를, 그들의 그리스도를 추구하는 욕망을, 그들의 새로운 순종을 검토함으로써, 이 은혜들의 운용을 새롭게 함으로써, 심각하게 묵상하고 열렬히 기도함으로써 성찬 준비를 해야 할 것입니다.

# 웨스트민스터 대요리문답 / 제 172문

**172문:** 자신이 그리스도 안에 있는지 혹은 성찬에 합당한 준비가 되어 있는지 의심하는 자도 성찬식에 참여할 수 있을까요?

**답:** 자신이 그리스도 안에 있는지 혹은 성찬의 성례에 합당한 준비가 되어 있는지 의심하는 사람도, 아직 확실치 못할지라도, 그리스도께 대한 진정한 관심을 가지고 있을 수 있을 것입니다. 그런 관심의 결핍을 우려하고 그리스도 안에서 발견되며 죄악을 떠나고 싶어하는 거짓 없는 소원이 있으면 하나님의 계정에는 그가 그것을 가지고 있는 것입니다. 그런 경우에는 약하고 의심하는 신자들이라도 구출하기 위해 약속들이 되어 있고 이 성례가 정명된 것이기 때문에 그는 불신앙을 애통하고 의심을 해결하려 노력해야 할 것입니다. 그는 그리함으로써 앞으로 더욱더 강화하기 위하여 성찬에 참여해도 좋을 뿐 아니라 참여할 의무가 있는 것입니다.

# 웨스트민스터 대요리문답 / 제 173문

**173문:** 신앙을 고백하고 성찬을 받고 싶어 하는 자에게 성찬을 못 받게 할 수 있을까요?

**답:** 신앙고백과 성찬을 받고 싶어하는 욕망이 있을지라도 무식하거나 의혹이 있으면 그들이 가르침을 받아 사상 개혁이 나타나기까지는 그리스도께서 자기 교회에 맡기신 권세로 그들로 하여금 성찬을 못 받게 할 수 있습니다.

8항. 무지하고 완악한 사람들이 이 성례의 외적 요품들을 받더라도 그들은 그것들에 의해 표상되는 것을 받는 것이 아니라, 그들이 합당치 않게 성례에 참여하므로 주의 몸과 피를 범하는 죄가 있으며, 그들 자신들의 영벌에 향하여 나갑니다. 그 까닭으로 모든 무지하며 불경건한 자들은 주로 더불어 교통을 즐기기에 적당치 않으며, 따라서 주의 상에 참여하기 합당치 않으니 그리스도에 대항하는 큰 죄가 없으되 그들이 이런 상태에 남아 있는 동안 이 거룩한 신비들에 참여하거나 이것들에 허입되기 불능합니다.

## 하이델베르크 요리문답 / 제 81문

81문: 누가 주의 상에 참여할 수 있습니까?
답: 자기의 죄 때문에 자신에 대해 참으로 슬퍼하는 사람, 그러나 그리스도의 고난과 죽음에 의해 자기의 죄가 사하여지고 남아 있는 연약성도 가려졌음을 믿는 사람, 또한 자신의 믿음이 더욱 강하여지고 돌이킨 삶을 살기를 간절히 소원하는 사람이 참여할 것입니다. 그러나 외식하거나 회개하지 않는 사람이 참여하는 것은 자기가 받을 심판을 먹고 마시는 것입니다.

## 하이델베르크 요리문답 / 제 82문

82문: 자기 고백과 생활에서 믿지 않음과 경건치 않음을 드러내는 자에게도 이 성찬이 허용됩니까?
답: 아닙니다. 그렇게 되면 하나님의 언약이 더럽혀져서 하나님의 진노가

모든 회중에게 내릴 것입니다. 그러므로 그리스도와 그의 사도들의 명령에 따라, 그리스도의 교회는 천국의 열쇠를 사용하여 그러한 자들이 생활을 돌이킬 때까지 성찬에서 제외시킬 의무가 있습니다.

## 벨기에 신앙고백서 / 제35조 주의 만찬의 성례

비록 성례가 표하는 바와 함께 결합되어 있을지라도 그 표하는 바가 항상 모든 사람에 의해서 받아들여지는 것은 아닙니다. 악한 자들은 분명히 성례를 받음으로 정죄에 이를 뿐이고, 성례의 진리를 받아들이지 않습니다. 이와 같이 유다와 마술사 시몬은 둘 다 성례를 받았지만 성례가 표하는 그리스도를 받아들이지 않았습니다. 그리스도께서는 오직 신자들과만 교제하십니다.

## 벨기에 신앙고백서 / 제35조 주의 만찬의 성례

마지막으로, 우리가 함께 우리 구주 그리스도의 죽음을 감사함으로 기념하고, 우리의 믿음과 기독교 신앙을 고백할 때 겸손과 경외로 하나님의 백성의 모임에서 우리는 이 거룩한 성례를 받습니다. 그러므로 누구든지 조심스럽게 자기를 살피지 않고는 이 식탁에 나오지 말아야 합니다. 그렇게 하지 않고서 이 떡을 먹고 이 잔을 마신다면 그 사람은 자기에게 주어지는 심판을 먹고 마시는 것입니다. 간단히 말하면, 우리는 이 거룩한 성례를 사용함으로 하나님과 우리 이웃을 뜨겁게 사랑하도록 자극받게 되는 것입니다. 그러므로 우리는 성례에 사람들이 첨가한 것이나, 또는 혼합시킨 모든 가증한 고안물을 성례의 모독으로서 배격합니다. 우리는 그리스도와 그의 사도들이 가르치신 규례로 만족해야 하고 그들이 말한 그대로 말해야 한다고 선언합니다.

## 기독교강요 4권 17장 40절

바울은 "사람이 자기를 살피고 그 후에야 이 떡을 먹고 이 잔을 마실지니"(고전 11:28)라고 명령합니다. 본문에서 바울은 사람들 각자가 그들 자신 속으로 내려가서 홀로 다음과 같은 것들을 헤아리기를 원한다고 나는 해석합니다. 즉 마음의 내적 확신 가운데서 구원을 예비하신 그리스도를 의존하고 있는지, 그것을 입의 고백으로써 인정하고 있는지, 무죄함과 거룩함에 대한 열의를 지니고 그리스도의 본을 따르고자 갈망하는지, 그리스도의 지체 된 자로서 자기와 함께 그에게 속한 형제들을 자기의 지체들로서 삼고 있는지, 그들을 자기 자신의 지체들로서 양육하고, 지키고, 돕기를 갈망하는지, 이러한 것들을 살펴보라는 것입니다.

하나님 아버지, 성찬에 참여할 수 있는 은혜를 주심에 감사합니다. 성찬에 참여하기 전 나의 믿음과 죄를 점검하게 하시고, 적극적으로 참여함으로 성찬의 참된 은혜를 누리게 하여 주옵소서.

성찬에 참여하는 기쁨을 참되게 누리게 하시고, 죄를 범하여 성찬으로부터 멀어지는 것이 아닌 늘 자신을 점검하고, 죄를 회개하고, 주님께로 돌아가 성찬에 참여하는 은혜를 꼭 누리도록 인도하여 주옵소서.

예수님께서 특별히 성도를 위해 제정하신 성찬이 우리의 죄로 인해 참여하지 못하는 안타까운 일이 발생하지 않도록 날마다 성령님께서 인도하여 주옵소서. 그리하여 성찬이 주는 놀라운 은혜를 누리고, 참여한다는 사실 자체가 은혜라는 사실을 잊지 않도록 도와주시옵소서.

## 성찬 Q&A

Q. 성찬은 목사님이 꼭 계셔야 하나요?

A. 성찬은 목사님이 꼭 계셔야 합니다. 일부 학자들은 성찬할 때 목사님이 없다면 평신도에 의해서 거행될 수 있다고 주장합니다. 그러나 바빙크는 직분을 받지 않는 성도가 성찬을 집례하는 것에 대해 성경적 근거가 별로 없다고 말합니다. 오히려 마태복음 28장 19절 말씀을 통해서 세례는 말씀을 전하는 것과 함께 사도들에게 위임되었기 때문입니다. 세례가 말씀을 전하는 사도들에게 위임된 것처럼 성찬 역시 사도들에게 위임된 것입니다. 또한, 성찬은 말씀과 연관이 있습니다. 성찬은 보이는 말씀이며, 성찬에서 언제나 말씀의 강론이 있습니다. 말씀 없는 성찬은 존재하지 않습니다. 그만큼 말씀이 중요합니다. 그러므로 세례와 성찬은 성례로 제정된 것입니다. 그래서 주님께서 특별히 맡기신 자들에게 명령하셔서 성례를 집례하도록 맡기신 것입니다.

그 결과 성찬 역시 오직 말씀의 사역자인 목사만 가능한 것입니다. 오히려 집사들은 봉사하고 떡과 포도주를 성도들에게 전해주는 역할을 했습니다. 성찬은 말씀 사역과 은밀한 연관성이 있기 때문에 오직 그리스도께서 세우신 사역자가 거행하는 것이 옳은 것입니다.

현재는 성찬식 집례는 담임목사가 진행하고 있습니다. 그리고 떡과 포도주를 분배하는 것은 장로들이 하고 있습니다. 만약 장로가 없을 경우 집사가 분배해도 무방합니다. 오히려 집사들이 성찬식에서 봉사하고, 떡과 포도주를 성도들에게 전해주는 역할을 했기 때문입니다.

그러므로 목사 없는 곳에서 성찬식을 진행하는 것은 옳지 않습니다. 교회 혹은 선교지에서 목사가 없는 경우가 있습니다. 그럴 경우 목사를 속히 청빙하거나, 노회 또는 선교사를 초청해서 거룩한 예식을 진행하는 것이 옳습니다. 불가능할 경우 성찬을 진행해서는 안 됩니다. 세례를 목사를 통해서 주고, 없으면 세례를 줄 수 없듯이, 성찬도 동일하게 목사를 통해서 거행하도록 위임하셨기 때문입니다.

성찬 바로 알기